Ik 3041.

ÉTUDE

SUR L'INONDATION DE GRENOBLE

DU 2 NOVEMBRE 1859,

Avec les lignes figuratives

DES VARIATIONS DE LA HAUTEUR DE L'ISÈRE ET DE LA TEMPÉRATURE

mesurées chaque jour à midi,

DEPUIS LE 25 SEPTEMBRE 1858 JUSQU'AU 1er DÉCEMBRE 1859,

PAR

M.-C. BERTRAND,

MEMBRE DE L'ASSOCIATION POLYTECHNIQUE.

Cherchez et vous trouverez.
Mieux vaut prévenir que réparer.

SOMMAIRE.

Déluge des morts. — Causes de la pluie. — Evaporation des eaux. — Variations annuelles du baromètre, de la température et des hauteurs de l'Isère. — Pluie tombée à Grenoble en octobre 1859. — Hauteurs des grandes eaux. — Remarques curieuses. — Concours des trois causes des inondations. — Oubli rapide des calamités publiques. — Musée des familles. — Hauteur des eaux dans nos rues. — Ilot épargné par l'Isère. — Mesures à prendre. — Tableau des inondations des six derniers siècles. — Opinion de M. Pilot. — Règle *pratique* des inondations. — Syndicat de Pique-Pierre. — Aperçu des dépenses à faire. — Etude complète de la question : *aide-toi, le Ciel t'aidera*. — Lignes figuratives des variations des phénomènes. — Garde-malade de M. le docteur Ebrard. — Figure des variations de la hauteur de l'Isère et de la température. — Image des variations du prix de l'hectolitre de blé, et désavantage de ce prix pour Grenoble.

PRIX : 75 CENTIMES.

GRENOBLE,
IMPRIMERIE DE PRUDHOMME, ÉDITEUR DU SUD-EST,
Rue Lafayette, 14, au 2e étage.

—

25 décembre 1859.

AVIS.

Le premier article de cette Etude a paru dans le *Sud-Est*, journal d'agriculture imprimé à Grenoble par M. Prudhomme, propriétaire-éditeur de cette utile publication, numéro du mois de novembre 1859.

Nous désirons que cette Etude appelle l'attention de nos compatriotes sur les causes des fréquentes inondations qui dévastent trop souvent le Graisivaudan, et sur les meilleures mesures à prendre pour préserver le plus possible notre pays des conséquences calamiteuses qu'amènent les invasions périodiques de nos deux redoutables voisins, le Drac et l'Isère.

Le fléau des inondations *fréquentes* est doublement funeste à notre pays, car non-seulement il lui cause de grandes pertes matérielles, mais encore il déprécie la valeur des propriétés riveraines de nos deux rivières, et il effraie les fondateurs de manufactures et d'usines qu'il éloigne de nos cours d'eau dangereux et *indisciplinés*.

Cette calamité périodique appauvrit notre ville et frappe ses relations d'affaires et de commerce d'une gêne que la difficulté des temps contribue à augmenter encore pour une localité qui, selon nous, manque déjà assez sensiblement d'activité industrielle.

Ce n'est point une critique que nous entendons exercer ici, en vertu d'une sorte d'excès de zèle patriotique ; c'est tout simplement ou plutôt tout tristement un regret que nous exprimons, comme Grenoblois, et un sincère désir d'améliorations nécessaires que nous formulons, sans haine et sans crainte, dans ces lignes que nous adressons aux travailleurs de notre pays.

Bien que nous nous soyons placé à un point de vue particulier, pour écrire cette étude, nous pensons que par la généralité des observations qu'elle renferme et des questions d'utilité publique qu'elle soulève, elle peut intéresser des personnes étrangères à notre localité et amener quelques penseurs à s'occuper de l'histoire des calamités publiques (inondations, peste, famine, etc.), et des meilleurs moyens d'y remédier.

Grenoble, le 8 novembre 1859.

C. B.

Nous ajoutons ici une remarque au sujet de la pluie.

L'observation a appris que, sur les collines qui encadrent le Graisivaudan, une surface assez bien gazonnée de terrain argilo-calcaire de 120 millimètres d'épaisseur, inclinée sur l'horizon depuis 0 jusqu'à 45°, peut absorber une tranche d'eau de pluie *lentement tombée* de 50 millimètres d'épaisseur avant d'en laisser écouler une goutte. Les pluies capables de fournir 50 millimètres d'eau en deux jours sont fort rares, car nous n'en avons compté que 6 pendant 15 mois, savoir : en 1858, vers le 12 octobre et le 17 décembre, et en 1859, vers le 24 juillet, le 18 septembre, le 22 octobre et le 31 octobre.

ÉTUDE

SUR

L'INONDATION DU 2 NOVEMBRE 1859.

---o---

Veni, vidi, flevi.

Cette inondation, qu'un ouvrier appelait le *déluge des morts*, en raison du jour où elle est arrivée, est une des plus graves qui aient frappé Grenoble depuis plusieurs siècles. Nous ne venons pas faire ici l'inventaire de tous les désastres qu'elle a causés dans notre ville et dans une partie du département; d'autres plumes mieux renseignées que la nôtre se chargent de cette pénible mission. Nous ne nous proposons que de jeter un coup d'œil sur les phénomènes météorologiques qui ont amené cette inondation, dont la hauteur dans les rues de Grenoble a été à peu près égale à celle que les eaux de l'Isère y avaient atteinte pendant la néfaste journée du 25 octobre 1778.

Tout le monde sait que l'évaporation des eaux de la mer fournit des vapeurs qui montent dans les plages supérieures de l'atmosphère, où l'abaissement de la température est la cause principale qui détermine la condensation plus ou moins brusque de la vapeur d'eau, et, par suite, sa chute sous une double forme : de neige, sur les sommets des montagnes, élevés, sous notre latitude boréale de 45°, à plus de 2500 mètres au-dessus de la mer; et de pluie ordinaire sur nos sols, moins élevés au-dessus de l'Océan.

L'observation a appris que l'évaporation enlève chaque année une couche d'eau d'un mètre environ d'épaisseur sur la mer, qui couvre les trois quarts de la surface du globe, et comme cette masse se répartit en pluie sur *toute* la terre, il en résulte qu'il tombe annuellement, *en moyenne*, 750 mill. d'eau sur chaque localité du globe; c'est à peu près ce que donne l'observation générale de cette classe de phénomènes.

A ce sujet, nous proposons aux chercheurs des causes finales cette question que nous nous sommes proposé vainement : *A quoi sert la pluie qui tombe sur l'eau* ?

Nous ne demandons pas à quoi sert celle qui arrose nos terres végétales, ni à quoi sert la neige qui vient couvrir nos montagnes. Nous connaissons tous son rôle providentiel dans la magnifique économie de la nature; nous savons qu'elle forme des *magasins* de neige, des approvisionnements qui, en fondant *peu à peu* sous l'influence de la température estivale, forment ces cours d'eau, fontaines, ruisseaux, rivières et fleuves qui portent la vie végétale et animale sur notre planète, qu'ils noyent quelquefois dans une trop grande abondance de produits.

Nous faisons depuis plus d'un an, avec nos élèves, des observations météorologiques, à Grenoble; voici les résultats généraux que nous avons obtenus pendant l'année équinoxiale comprise depuis le 22 septembre 1858 jusqu'au 23 septembre 1859.

Toutes nos cotes ont été prises chaque jour à midi.

Baromètre.

La hauteur maximum a été, le 10 janvier, de 762 millimètres 6 dixièmes.
La hauteur minimum a été, le 14 novembre, de 726 millimètres 8 dixièmes.
La moyenne annuelle a été de 743 millimètres 2 dixièmes.

— 4 —

Température prise à l'ombre, en degrés centigrades.

Le maximum, le 6 juillet, de 37 degrés.
Le minimum, le 10 janvier, de 3 degrés au-dessous de zéro.
Ce qui forme un écart de 40 degrés.
La moyenne annuelle a été, dans nos rues de Grenoble, de 12 degrés.

Pluie.

La hauteur de la pluie tombée a été :
  En automne, de 239 millimètres, en 31 jours de pluie.
  En hiver, de 192 — en 19 —
  Au printemps, de 296 — en 40 —
  En été, de 240 — en 16 —

La pluie tombée pendant l'année a donc été de 967 mill., en 106 jours pluvieux. Il suit de là qu'on peut affirmer qu'il est tombé en un an, sur chaque mètre carré de la ville, 967 litres d'eau, ou, ce qui revient au même, 967 kilogrammes d'eau de pluie.

Le volume de la neige *folle* est environ 12 fois aussi grand que celui de l'eau que fournit la fusion de cette neige.

Isère.

Les cotes de hauteur de l'Isère, à partir de l'*étiage*, mesurées à l'échelle hydrométrique du pont de pierre, ont été :
Au maximum, le 5 juillet, de 1 mètre 69 centimètres ; au minimum, le 30 janvier, de 15 centimètres *au-dessous* du zéro de l'échelle.

Ces généralités étant posées, revenons à l'inondation du 2 au 3 novembre.

Voici les cotes de pluie tombée, à Grenoble, depuis le commencement d'octobre 1859 :

Le 7 octobre 2 millimètres. || Le 23 octobre 7 millimètres.
— 10 — 5 — || — 24 — 18 —
— 13 — 5 — || — 27 — 22 —
— 15 — 7 — || — 29 — 10 —
— 16 — 1 — || — 30 — 18 —
— 20 — 29 — || — 31 — 27 —
— 21 — 11 — || — 1er nov. 21 —
— 22 — 23 — || — 2 — 3 —

De sorte que dans le mois qui a précédé l'inondation, il est tombé 209 millimètres de pluie ou de neige, c'est-à-dire qu'il est tombé en ce mois un peu plus du cinquième de ce qui est tombé dans toute l'année précédente.

Cette masse de pluie représente donc 209 litres d'eau ou de neige qui peuvent être tombés pendant le mois d'octobre, sur chaque mètre carré du bassin de l'Isère, en amont de Grenoble.

L'observation nous a appris que pendant le mois d'octobre de l'année 1858, il n'est tombé sur Grenoble qu'une nappe de pluie ayant seulement 103 millimètres de hauteur. Cependant, d'après les observations faites par M. Demarchi et consignées dans le *Sud-Est* de l'année 1858, page 724, la cote de pluie du mois d'octobre de la même année se serait élevée à 105 millimètres ; ce qui donne à peine pour nos deux séries d'observations, une moyenne de 104 millimètres de pluie tombée pendant ce mois sur notre ville.

Voici les variations des cotes de hauteur du niveau de l'Isère au-dessus de l'étiage, pendant les grandes eaux du mois de novembre 1859 :

Le 1er novembre, à midi, 1m,65 || Le 3 novembre, à 2 h. du s., 3m,81
— 2 — à 8 h. du s., 5m,34 || — 3 — 4 — 3m,22
— 2 — à minuit, 5m,23 || — 3 — 6 — 3m,05
— 3 — à 8 h. du m., 4m,21 || — 4 — à midi, 2m,06
— 3 — à midi, 4m,02 || — 5 — à midi, 1m,63

La plupart des caves, remplies *par infiltration*, conservaient encore de l'eau hier 7 novembre.

Une remarque curieuse a été faite, c'est que quand le niveau de l'Isère a atteint un état stationnaire, vers huit heures du soir, le 2 novembre, l'eau a continué à monter en ville par les égoûts, jusque vers onze heures. Il se produisait là un phénomène comparable à celui des marées que les navigateurs appellent *l'établissement d'un port.*

Ajoutons comme particularité remarquable que les eaux ont transporté deux gros chênes d'un chantier jusque dans la rue St-Jacques, et qu'elles ont transféré le lourd tablier de la bascule publique de la place du Lycée jusqu'au château d'eau de la place Grenette.

Le seul bénéfice que nous a laissé cette désastreuse inondation, consiste dans un système de points de repère pour un nivellement général de nos rues, bien chèrement payé, et dans un dépôt d'engrais pour notre banlieue.

Les inondations qui ont frappé si souvent et si subitement notre pays, ont très-probablement été amenées par le concours des trois mêmes causes agissant ensemble.

La première cause fondamentale, c'est la chute précoce d'une grande quantité de neige sur nos montagnes et des pluies continuelles sur nos collines et nos vallons ; cette dernière eau vient naturellement exhausser d'abord le niveau de l'Isère et la prédispose à franchir ses limites habituelles.

La seconde cause, la plus puissante sans contredit, c'est la *fonte rapide des neiges folles* sous l'influence d'un vent chaud du sud ; ces neiges, en fondant ainsi brusquement, produisent des masses d'eau torrentueuses qui descendent *librement* des vastes pentes *extérieures* de nos montagnes neigeuses.

La troisième cause, que nous nommerons la *débâcle par rupture de vannes* des eaux de neige, et qui peut rendre compte de la soudaineté des exhaussements momentanés de l'Isère, peut s'expliquer de la manière suivante :

Les sommets des Alpes sont espacés par un assez grand nombre de *bols* dont les parois sont souvent *fêlées* par des défilés très-étroits. Lorsque les eaux de neige folle fondue par un vent chaud arrivent brusquement dans ces sortes de réservoirs, elles peuvent s'y trouver momentanément arrêtées par de *vieilles neiges* ou des débris de vieilles glaces qui leur barrent le passage dans les défilés d'écoulement. Mais, sous l'influence de l'élévation de la température qui agit à la fois sur tout le bassin neigeux, ces eaux peuvent fondre facilement, par leurs excès de chaleur relative, les vannes de vieille neige qui fermaient les écluses de ces sortes de lacs ou plutôt d'étangs improvisés ; et alors elles arrivent en masse et en nombreuse compagnie sur l'Isère qu'elles font rapidement déborder.

Nous laissons à qui de droit l'examen des meilleurs moyens de sauvegarder le Graisivaudan et Grenoble ; nous nous bornerons ici à faire une remarque relativement au volume des eaux, en excès sur le débit habituel de l'Isère, qu'a pu fournir la dernière inondation.

On sait que l'Isère prend sa source sur le versant méridional du massif que domine le mont Blanc, ce géant alpestre de 5000 mètres d'élévation, et qu'elle arrive à Grenoble après un parcours de 180 kilomètres. Son bassin, en amont du pont de pierre, comprend environ 7000 kilomètres carrés, dont 2000 environ sont susceptibles de conserver des neiges pendant une partie de l'année.

On peut admettre que la dernière *neige folle* qui a dû fondre *facilement* sous l'action du vent chaud du sud qui a soufflé sur nos Alpes neigeuses pendant les deux journées qui ont précédé le jour de l'inondation, couvrait 1000 kilomètres carrés du bassin en amont de l'Isère. Alors cette surface a dû fournir 2 hectolitres d'eau par mètre carré, et, par suite, 2 millions d'hectolitres de neige fondue par kilomètre carré. Par conséquent, en faisant la part de l'évaporation et des infiltrations ordinaires, on peut conclure que 2 milliards d'hectolitres d'eau ont dû passer à Grenoble pendant la durée de l'exhaussement du niveau de l'Isère au-dessus de la cote moyenne de 70 centim. que la rivière a présentée pendant les dix jours qui ont précédé l'inondation, et cela *en sus* du débit qui correspond à cette dernière cote.

Il suit de là que les eaux de neige ont donné 17 mille hectolitres ou 1,700 mètres cubes d'eau en excès, par seconde ; c'est en effet ce chiffre que l'on obtient une seconde fois en jaugeant cette masse d'eau en aval de la porte de Créqui, à raison de 100 mètres de largeur *courante*, sur 4 mètres de profondeur, et avec une vitesse de $4^m,2$ par seconde, que possédait l'Isère furieuse.

Terminons en remarquant que toutes les eaux de la terre, réunies en boule, formeraient à peine une sphère d'un diamètre de 1600 kilomètres, ou de 400 lieues. Or, les eaux en excès qui ont dû passer à Grenoble le 2 et le 3 novembre, formeraient une sphère d'un diamètre de 737 mètres (distance qui représente un peu plus de deux fois et demie la hauteur de la Bastille au-dessus de Grenoble), et pesant 200 milliards de kilogrammes ; on peut donc dire que nous avons ainsi pu voir ou sentir passer ici, pendant cette désastreuse inondation, une quantité d'eau qui est contenue environ huit milliards de fois dans la masse *totale* des eaux du globe.

Nous venons d'écrire la première partie de notre travail sur l'inondation de l'Isère, au point de vue des phénomènes météorologiques qui ont amené ce nouveau désastre sur notre pays ; nous allons maintenant jeter un coup d'œil sur quelques moyens préservatifs que l'on doit, selon nous, mettre immédiatement en expérimentation ou en étude contre ce trop fréquent fléau.

Les époques où règne *l'amour de soi* sont précisément celles où la vanterie personnelle est insupportable à toutes les individualités condamnées à l'entendre ou *à la lire*. Nous vivons dans un siècle de vigueur où il peut y avoir quelques hommes utiles à la société, mais il n'y en a plus de nécessaires aux autres. En vertu de ce précepte dont nous paraissons violer ici l'observance en traçant des règles à suivre, selon nous, pour arriver à épargner à notre pays les conséquences désastreuses des inondations, nous ne signons sur ce travail nos propositions que pour les placer, suivant l'usage, sous notre responsabilité personnelle ; mais nous sommes entièrement disposé à donner la préférence à tout autre système de *mesures de précaution* que la majorité de nos compatriotes intéressés déclarera meilleur que celui que nous allons énoncer.

Nous venons de lire, avec la plus grande attention, la brochure significative que vient de publier le syndicat de Pique-Pierre. Nous avons été frappé de la gravité des préoccupations que suscite ce travail remarquable, et nous pensons qu'il appellera prochainement toute la sollicitude de l'opinion publique et par suite celle de l'administration générale sur l'urgente question des inondations aussi subites que malheureuses de la plus redoutable fille des Alpes Dauphinoises, de l'Isère.

Cette lecture nous a confirmé dans cette pensée que ce qu'il y a de plus désastreux dans la plupart des calamités publiques, c'est que les intéressés eux-mêmes ne s'en préoccupent *un peu* que pendant les jours où ils en sont affligés. Après l'accident, on écrit quelques rapports qui vont bientôt dormir *en paix* dans des cartons qui ressemblent à des corbillards, ou bien on publie quelques descriptions plus ou moins pittoresques qui vont prendre place, à côté de quelques vues photographiques, dans les colonnes du *Musée des familles*, et l'on ne s'occupe plus du fléau que lorsque le terrible visiteur revient réveiller en sursaut les hommes oublieux, étourdis ou imprudents, avec sa crécelle sinistre.

Nous avons dit, dans notre première partie, que l'inondation avait laissé dans Grenoble un système de points de repère pour un nivellement général de nos rues. D'après des opérations de nivellement récemment exécutées dans la ville, il paraît que les eaux ont formé des courants qui ont produit des exhaussements sensibles dans les points où leur marche était contrariée par des obstacles, et des dépressions notables partout où elles ont pu étendre leurs nappes.

On sait que le zéro de l'échelle hydrométrique en amont du pont de pierre, tracée contre le quai Perrière, est élevé de 208^m,40 au-dessus de la mer. En comptant *à partir du niveau du zéro de cette échelle* les cotes des divers niveaux des nappes de l'inondation dans Grenoble, voici les résultats obtenus :

	m.		m.
Porte Très-Cloîtres, à 30^m en dehors de la ville........................	6,68	Rue St-Jacques, place Grenette.... Bois du jardin, Grand'Rue..........	} 5,78
Octroi de St-Laurent................	6,56	Quai vers la rue des Augustins......	5,51
Porte de St-Laurent................	6,11	Octroi de la porte Créqui...........	5,50
Entrée de St-Laurent, vers le pont...	6,04	Quai Perrière, près du pont de fer...	5,46
Faubourg Très-Cloîtres.............	5,96	Quai, à l'échelle en amont du pont de pierre...........................	5,34
Place du Bœuf, place Notre-Dame...	5,81		
Rue Lesdiguières, place St-Louis.... Place de la Const., place St-Claire..	} 5,80	Quai contre les maisons voisines du même pont......................	5,25
Rue du Lycée......................	5,79	Ancienne scierie près de l'abattoir...	4,60

Les bas quartiers commencent à être inondés quand le niveau de l'Isère atteint la cote de 3ᵐ,50 sur l'échelle.

Ce tableau nous montre que *dans la ville* les nappes d'eau momentanément en équilibre ont formé 4 surfaces de niveau dont les cotes ont eu des différences s'élevant jusqu'à 18 centimètres. Quant à ce qui s'est passé sur les quais, on voit que le refoulement des eaux contre le pont de pierre a donné au niveau maximum de l'eau 9 centimètres de plus contre l'échelle de la Perrière que contre les maisons voisines de cette échelle, placée en avant de ce même pont.

Nous ne savons pas si les diverses nappes d'eau ont atteint partout leur plus grande élévation simultanément ou successivement, ni à quelle heure. Nous savons seulement que la nappe d'eau de la Grand'Rue a commencé à décroître vers 11 heures et quart du soir, le 2 novembre. On ne trouvera rien d'étonnant du reste de voir que les eaux de l'inondation ont formé plusieurs nappes de niveaux différents, malgré les communications souterraines, si on veut remarquer que ces nappes amenées par les égouts étaient fournies *latéralement* par les courants divers d'une masse d'eau en marche, et que, gênées dans leurs nombreux mouvements, ces différentes masses d'eau mettaient plus ou moins de temps à monter et à descendre, par ces sortes de canaux souterrains, sur un terrain sensiblement ondulé.

Avec un plan de Grenoble sous les yeux et avec les cotes du tableau précédent, on se rendra facilement compte de la marche des flots de l'Isère, et des mesures à prendre, sinon pour préserver notre ville de l'invasion des eaux, au moins pour la mettre plus à l'abri de leur violence et de leur boue.

Les points culminants de notre ville qui n'ont pas été couverts par les eaux de l'inondation, sont : la rue Brocherie, la place aux Herbes, la rue du Palais, la place St-André, les deux terrasses du Jardin de Ville ; les rampes de nos deux ponts, la place Neuve, la place Claveyson, la rue Pérollerie, la moitié méridionale de la place Notre-Dame, la rue St-Hugues, la place des Tilleuls, la moitié nord de la rue Bayard, la moitié orientale de la rue Vaucanson, le tiers occidental de la rue des Vieux-Jésuites, la moitié occidentale de la rue des Clercs avec le tiers nord de la rue Lafayette et le tiers de cette dernière rue qui touche à l'extrémité orientale de la rue de la Halle.

Cet îlot ainsi préservé représente à peine la quinzième partie de la surface de toute la ville, qui était si morne pendant cette nuit lugubre.

Les résultats précédents nous conduisent à penser que notre municipalité ferait une œuvre très-utile à Grenoble en nommant une Commission provisoire chargée d'étudier immédiatement et à fond les trois questions suivantes :

1° Quels souvenirs la tradition et l'histoire conservent-elles des inondations qui ont affligé notre localité, et connaît-on d'une manière *assez approchée les hauteurs des eaux de pluie ou de neige* dont la chute a précédé ces diverses inondations, ainsi que les *cotes d'élévation* que les eaux ont dû atteindre ?

2° Quels sont les moyens les moins dispendieux de faire sceller dans les murs de nos principaux monuments des plaques de repère, en fonte de fer, indiquant de 20 centimètres en 20 centimètres, par exemple, les *courbes de niveau* des eaux de l'Isère dans nos rues, quand la rivière marque précisément ces cotes à l'échelle du pont de pierre, et cela à partir de la hauteur de 3ᵐ,50 que l'Isère atteint quand nos bas quartiers commencent à être inondés ?

3° Quel est le meilleur système de signaux à établir depuis Grenoble jusqu'aux limites du bassin des sources et des affluents en amont de l'Isère, tels que colonnes *isérométriques* placées de distance en distance et signaux télégraphiques d'alarme, de manière que lorsque les circonstances atmosphériques signalées plus haut viendraient à se reproduire, l'autorité attentive pourrait *prédire* à la population préoccupée les crues ainsi que l'élévation correspondante des eaux dans un cas donné, en indiquant d'avance le niveau susceptible d'être atteint sur les repères de nos différents quartiers ainsi que la durée du trajet des eaux, comme on le fait déjà dans le bassin de la Loire ?

Remarquons que Grenoble, que l'on s'accorde à regarder comme *la ville de France la plus susceptible d'être rapidement inondée*, pourrait alors être prévenu assez à temps pour sauvegarder ses marchandises et tous ses approvisionnements, si la Municipalité consultant le *tableau des courbes de niveau*, tracé par la commission et gravé sur une *plaque métallique exposée dans la mairie*, prévenait les

22 septembre. Octobre. | Novembre. | **1858** Décembre. | Janvier. | Février. | Mars. | Avril. | Mai.

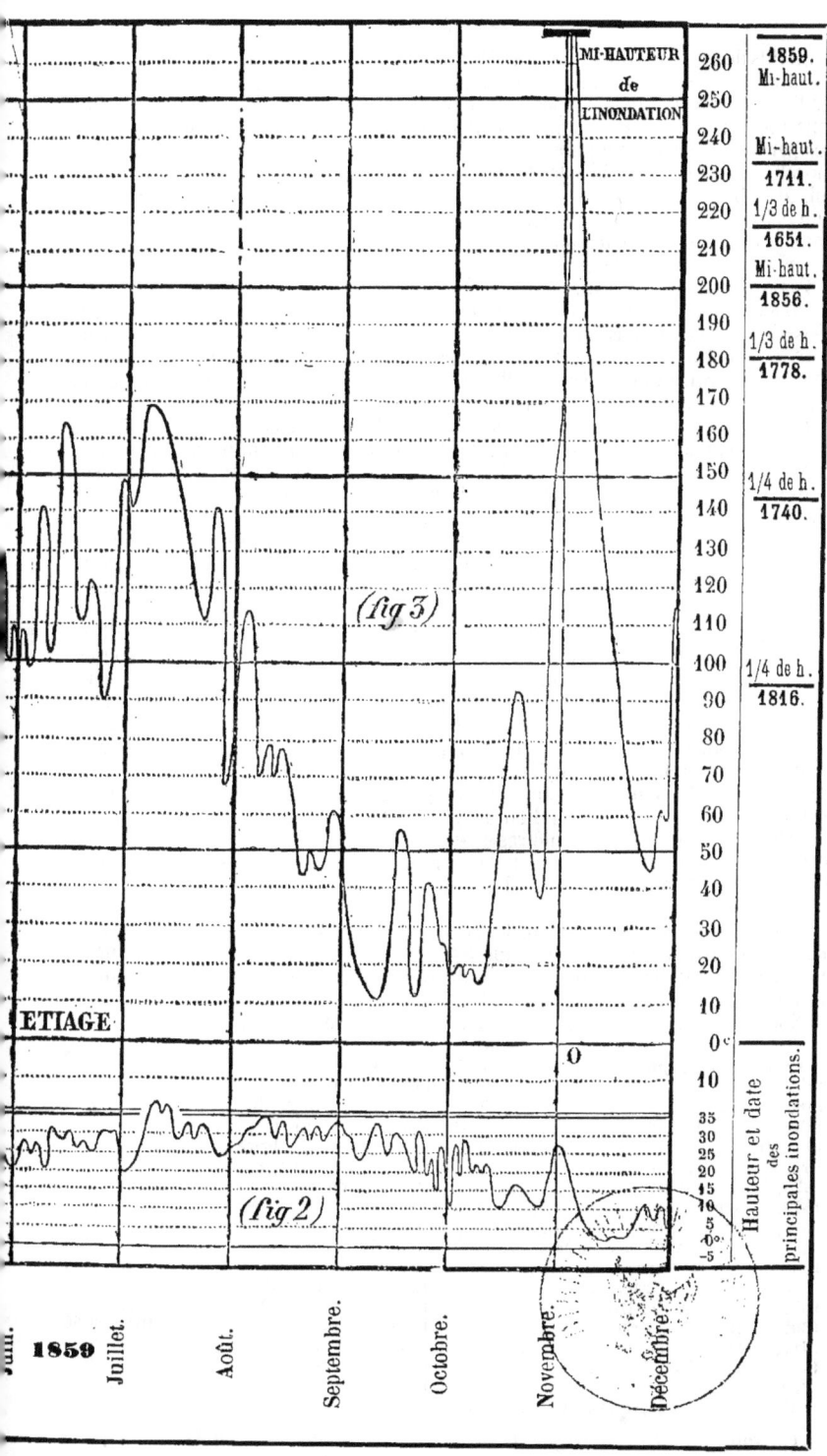

— 10 —

habitants de tout mouvement extraordinaire des eaux d'après les divers avis reçus des différentes stations du bassin en amont de l'Isère, et indiquait ainsi d'avance les lignes d'élévation des nappes d'eau dans les diverses rues de la ville. Nous pensons que cette mesure serait doublement utile; d'abord, comme moyen préservatif des pertes matérielles toujours trop considérables, et ensuite comme impression morale *rassurante* sur la population. Car on sait que la majorité des hommes voit avec beaucoup moins de terreur un phénomène naturel, tel qu'une comète, une éclipse, un choléra, un déluge même, quand on lui dit d'avance, d'après Salomon : *il n'y a rien de nouveau sous le soleil ; les hommes ont déjà vu arriver ce que vous allez voir.*

Passons maintenant à un point de vue plus général.

On sait qu'on nomme *étiage* d'un fleuve l'état de ses plus basses eaux observées. Ce nom vient de ce que, pour la plupart des rivières, le minimum de hauteur des eaux arrive pendant l'été (*étiage*). Certains cours d'eau, tels que l'Isère, sont au contraire plus élevés pendant l'été que pendant l'hiver, par suite de la fonte rapide des neiges de leur bassin.

La ligne de l'étiage est sujette à varier de hauteur à cause du remplissage du lit du fleuve par les graviers et les sables calcaires ou granitiques que charrient les eaux, ou à cause de l'affouillement du lit sous l'action des crues subites; il convient donc de repérer la ligne de l'étiage, ou le zéro de l'échelle hydrométrique de la rivière, tous les huit ou dix ans, par exemple.

L'étiage de l'Isère ou le zéro de l'échelle en amont du pont de pierre, contre le mur du quai Perrière, est situé actuellement au bas de ce mur, sur la grève même du lit de l'Isère ; c'est à partir de cette ligne de niveau que nous comptons toutes les cotes des eaux.

Les recherches historiques ont appris que de grandes inondations ont affligé notre pays, pendant les années 580, 591, 1095 et 1191, mais on ne connaît aucune des circonstances relatives à ces anciens déluges locaux, ou, si l'on veut, nous ne croyons pas que l'on possède quelques renseignements un peu précis sur les inondations de l'Isère avant le 13e siècle de notre ère. La première inondation indiquée par l'histoire est celle qui arriva pendant la nuit du 14 au 15 septembre 1219. Le lac de St-Laurent, formé en 1191 par un barrage de la Romanche près du Bourg-d'Oisans produit par un éboulement de rocher, emporta subitement son écluse, et on dit que les eaux s'élevèrent dans Grenoble, vers les 10 heures du soir, à 14 mètres au-dessus de l'étiage. Mais en faisant la part du grossissement dû à la loupe de la panique, on doit, d'après des indications de nivellement dans le Graisivaudan, en fixer la hauteur à 9 mèt. 32 c., ce qui nous semble déjà bien suffisant.

Voici les dates consignées dans les *recherches sur les inondations dans la vallée de l'Isère*, par M. *Pilot*, ainsi que les cotes de hauteur des eaux au-dessus de l'étiage du pont de pierre et le nom du cours d'eau qui a été le promoteur de l'inondation.

Nous indiquons par un point d'interrogation (?) les cotes inconnues :

	m.		m.
1219, le 14 sept., Romanche	9,32	1737, Isère	?
1377, Drac	?	1739, le 7 déc., Drac	?
1409, Drac	?	1740, du 20 au 23 déc., Isère	5,75
1469, le 8 août, Isère	?	1764, le 10 juin, Isère	4,65
1471, Drac	?	1778, le 25 oct., Isère	5,40
1524, en février, Drac et Isère	?	1787, le 24 juillet, Isère	?
1525, le 22 août, Drac et Isère	?	1807, fin de mai, Isère	?
1579, en septembre, Isère	?	1812, le 18 févr., Isère	?
1612, le 7 août, Drac	?	1816, le 31 juillet, Drac et Isère	3,80
1651, le 14 et le 30 nov., Isère	6,50	1839, le 17 sept., Isère	2,47
1666, en juillet, Drac	?	1840, le 18 nov., Isère	3,40
1673, le 5 juillet, Drac	5,40	1841, le 25 oct., Isère et Drac	?
1674, en septembre, Drac	?	1843, le 1er nov., Drac	?
1692, le 29 juillet, Drac	?	1849, 17 juin et 24 nov., Isère et Drac	3,00
1711, le 11 févr., Isère	4,65	1851, le 1er août, Isère	2,55
1729, le 13 juillet, Isère	?	1852, le 13 août, Isère	3,09
1732, Isère	?	1856, le 31 mai, Isère	3,96
1733, le 14 sept., Isère et Drac	5,57	1859, le 2 nov., Isère	5,34

On voit que sur ce catalogue de trente-huit crues ou inondations, le Drac seul en a fourni onze pendant que l'Isère seule en a fourni vingt, et sept de concert

— 11 —

avec lui. L'Isère a donc produit vingt-sept crues pendant que le Drac n'a fourni que dix-huit exhaussements.

Il y a donc eu en moyenne six inondations par siècle ou bien une crue tous les 15 ans, ayant duré chacune pendant un jour et demi environ.

En appelant ici *inondation* toute crue de l'Isère, de la Romanche ou du Drac capable d'atteindre, à l'échelle de la Perrière à Grenoble, la cote de 3m,50, à partir de laquelle les bas quartiers de la ville commencent à être inondés, on doit penser que notre pays a subi depuis le 13e siècle *plus* de trente-huit inondations plus ou moins graves. Nous disons *plus*, car à en juger par la liste de celles qui sont arrivées depuis le commencement de notre siècle et dont le souvenir est encore présent dans la mémoire des hommes, il est hautement probable que le Graisivaudan a été plus ou moins dévasté par près de dix inondations, en moyenne, chaque siècle.

Pour confirmer notre opinion, nous citerons quelques lignes du texte consciencieux dont nous avons donné le titre, et qui s'exprime ainsi (pp. 104 et 109) :

« Telles sont les inondations dont nous avons trouvé le souvenir ou des traces
» dans les manuscrits et les anciens titres, ou que l'on a pu voir depuis le
» commencement de ce siècle jusqu'à ce jour. Il est bien entendu que nous ne
» prétendons point les avoir signalées toutes ; il en est beaucoup, au contraire,
» qui ont dû nous échapper. Beaucoup d'autres aussi, et c'est le plus grand
» nombre, n'ont point dû être mentionnées, ou, si quelques-unes d'entre elles
» l'ont été, les documents qui pouvaient en constater un souvenir quelconque
» n'existent plus, à cause de leur trop grande ancienneté. Il nous a suffi d'éta-
» blir, par d'assez nombreuses citations, que notre contrée a eu de tout temps
» à souffrir du ravage des eaux, et que, de tout temps, ces ravages ont été con-
» sidérables.... »

....

« Il y a quelque chose qui se lie entre le Rhône et l'Isère. Ainsi, de même que
» le Rhône, pendant nos grandes inondations dans la vallée, croît et déborde
» presque toujours, de même, dans les fortes crues du Rhône, il est rare que
» l'Isère ne s'élève point au-dessus de son lit ; ce qui arrive surtout si les eaux,
» d'une part et de l'autre, atteignent une certaine hauteur..... »

La communauté d'origine entre ces deux cours d'eau, qui ont tous les deux leurs sources dans les environs du *même* massif neigeux des Alpes, explique assez bien cette coïncidence des crues et cette sorte d'entente cordiale entre ces deux redoutables conspirateurs contre les intérêts et la tranquillité de notre sol. Il en est de même de l'Isère et du Drac.

Comme renseignement assez curieux nous ajouterons les deux indications suivantes :

L'observation apprend que, d'après la moyenne annuelle, le débit de l'Isère à Grenoble est de 230 mètres cubes d'eau par seconde, dans les circonstances ordinaires, ou, ce qui revient au même, de 20 millions de mètres cubes par jour.

L'expérience a prouvé que, pendant les crues, l'Isère tient en suspension dans ses eaux jusqu'au trentième de leur volume en substances minérales ; on peut en conclure que, sous l'action des eaux, le relief de la terre tend à se niveler, et que par conséquent le mouvement des cours d'eaux tend à s'arrêter sur notre planète, dans la suite des siècles.

De l'ensemble des causes des inondations semblables à celles que nous avons indiquées précédemment et capables d'amener des crues fréquentes de nos dangereux voisins, on peut, en attendant l'application des mesures de préservation à étudier et à exécuter, déduire, dans l'intérêt de nos compatriotes et surtout à l'usage de notre ville exposée à tant de pédiluves, cette *règle pratique* des inondations :

Lorsque après quelques jours de pluie forte et continue, capable de fournir une nappe d'eau de 200 millimètres de hauteur, et tombant en neige sur le massif de nos Alpes dauphinoises, un vent chaud du sud vient brusquement souffler, pendant un jour ou deux, sur nos roches neigeuses depuis le pic de Belledonne jusqu'à la Tarentaise, les habitants de Grenoble, obéissant à ce précepte connu : *chat mouillé craint l'eau froide*, doivent se tenir prêts à évacuer immédiatement leurs rez-de-chaussée et à gagner les divers étages de leur maison, avec leur mobilier et leurs marchandises.

La brochure du Syndicat de Pique-Pierre que nous citions tout à l'heure, et que tous nos compatriotes doivent lire, nous rappelait qu'on avait préconisé tour à tour deux ou plutôt trois systèmes de digues contre un cours d'eau sujet à déborder, comme l'Isère ; le système des digues *submersibles* dans les grandes inondations et qui ne protège complétement les terres de la rive que contre les crues anodines ; le système dispendieux des digues *insubmersibles* qui a l'intention de protéger les terrains contre les grandes inondations, et enfin le système *mixte* qui, faisant la part de l'eau comme on fait celle du feu, mélange les deux systèmes pour les appliquer en raison des diverses circonstances locales. Autour de ces trois systèmes gravitent, à l'état de satellites, divers projets, tels que reboisements, barrages, gazonnements, etc. Ce qu'il y a de commun à tous ces systèmes, c'est que leur réalisation demande presque immédiatement beaucoup, beaucoup d'argent, mais hélas! ce qu'il y a de bien malheureux, c'est que parmi tous les déluges, le plus rare et le moins élevé c'est l'inondation des écus.

On peut déduire des calculs approximatifs que nous avons indiqués relativement au volume des eaux qui ont dû passer à Grenoble pendant les trente heures de la dernière inondation, que, pour contenir entre deux digues verticales éloignées l'une de l'autre de 80 mètres (distance des quais des deux rives de l'Isère à Grenoble), cette masse d'eau de deux cent millions de mètres cubes, coulant avec une vitesse de 4 mètres par seconde, il faudrait donner à ces digues insubmersibles une hauteur de plus de 6 mètres au-dessus de l'étiage, et de près de 7 mètres sur un grand nombre de points.

Il en résulterait que, pour construire des digues protectrices depuis Grenoble jusqu'à l'entrée de l'Isère dans notre département, c'est-à-dire sur un parcours sinueux de près de 50 kilomètres, il faudrait, en maçonnerie et en matériaux de soutènement, pour deux digues de 5 mètres de largeur sur chaque rive, près de trois millions de mètres cubes de pierres et de graviers, tout en élevant nos quais de Grenoble de plus de deux mètres au-dessus de la chaussée actuelle.

Les travaux en aval seraient à peu près aussi considérables. Ces chiffres, qui ne forment qu'un aperçu sur lequel nous appelons l'attention des chercheurs et des intéressés, font pressentir l'importance de la question des inondations dans notre vallée.

En estimant à raison de 10 francs le mètre cube les matériaux de la digue mis en place, on se trouverait en face d'une dépense immédiate de plus de 60 millions de francs représentant 3 millions d'intérêts annuels.

Alors la question qui se présenterait serait celle-ci : quelle combinaison devrait-on préférer entre les deux suivantes : dépenser chaque année 3 millions d'intérêts pour éviter, tous les dix ans en moyenne, une perte de 7 ou 8 millions ; ou bien remplacer les digues par une caisse d'assurance qui, dotée chaque année d'un million, par exemple, jusqu'à concurrence d'un fonds de réserve de 9 à 10 millions de francs, indemniserait les intéressés des pertes causées par les inondations périodiques de nos deux rivières ? Il est d'ailleurs évident, qu'ici surtout, la question d'intérêt annuel d'une propriété prime la valeur foncière de l'immeuble.

Devant la question de vie ou de mort *territoriale* pour une population, la question financière n'occupe sans doute que le second rang ; mais enfin, comme en définitive il faut toujours compter sérieusement avec elle, nous pensons qu'il est très-important de chercher à produire le *maximum de défense avec le minimum de dépense*. Par suite, pour que nos trois systèmes de préservation ne ressemblent pas trop au conseil du docteur *tant pis*, du docteur *tant mieux* et du docteur conciliant Monsieur *peut-être*, laissant mourir ou plutôt *noyer* le patient pendant leur savante consultation, nous pensons que l'autorité compétente devrait prendre dès aujourd'hui les mesures suivantes, ou toutes autres que l'on trouverait meilleures :

1° Les municipalités des populations qui sont frappées par les trop fréquentes inondations de l'Isère, nommeront des délégués, chargés de venir constituer, à Grenoble par exemple, une commission *permanente* contre les inondations.

2° La commission des inondations s'entourera de toutes les lumières que pourront lui fournir, par des rapports datés et signés, tous les ingénieurs compétents, ainsi que l'étude approfondie des résultats obtenus par tous les systèmes de préservation expérimentés contre les fleuves sujets à déborder, en France et à l'Etranger, sans oublier les travaux de la commission provisoire.

3° La commission fera évaluer la surface du bassin de l'Isère et de ses affluents ainsi que celle de la zone capable de conserver des neiges pendant une partie de l'année, et elle fera installer un fort grand nombre de pluviomètres identiques ou comparables sur une multitude de points de ce bassin, afin *d'interroger la nature en même temps que les travaux des hommes* sur les masses de pluie ou de neige dont la chute est à craindre dans des circonstances sérieusement étudiées.

4° Elle fera expérimenter sur divers points du bassin de l'Isère les gazonnements, barrages, reboisements et autres méthodes indiquées, afin de se rendre un compte acceptable des résultats annoncés ou promis.

5° De l'ensemble de ses travaux rendus publics, la commission déduira un plan à suivre *logiquement* pour préserver le plus possible la zone exposée contre le fléau des inondations dévastatrices, et elle déterminera, en se plaçant prudemment, par la pensée, dans les circonstances les plus défavorables au pays, les mesures qui lui paraîtront les plus praticables et les plus efficaces pour mettre les nombreux intéressés du département à l'abri de la ruine immédiate ou de la misère instantanée.

6° Enfin et surtout, sans cesser d'avoir une grande confiance dans l'appui de toutes les autorités présentes et futures, elle écrira pour divise *permanente* sur son œuvre patriotique, ce conseil plus que jamais utile : Aide-toi beaucoup, le ciel t'aidera un peu.

Un dernier mot sur l'inondation du 2 novembre 1859.

Nous n'avons nullement la prétention de tracer une ligne de conduite à la *commission d'étude* que nous appelons de nos vœux pour indiquer les mesures propres à protéger les intérêts de notre pays contre le fléau des déluges périodiques.

Nous croyons simplement nous faire ici l'interprète d'un grand nombre de personnes gravement lésées par le *déluge des morts*, en proposant les questions suivantes :

Ne pourrait-on pas faire aboutir le fil du télégraphe *déjà tout installé* de Chambéry à Grenoble, jusqu'au pont de la Gâche, où l'on établirait un de ces appareils électriques si faciles à manœuvrer, que le premier employé venu le ferait fonctionner de manière à prévenir à temps notre mairie de l'approche des grandes eaux de l'Isère ?

Ne pourrait-on pas, au besoin, prolonger cette ligne d'avertissement jusqu'en Savoie ?

Ne pourrait-on pas faire tracer sur un plan de Grenoble les lignes de niveau des eaux de l'Isère dans nos rues, de 20 centimètres en 20 centimètres, à partir de la cote de $3^m 50$ que la rivière atteint à l'échelle du pont quand nos bas quartiers commencent à être inondés, et cela afin que les Grenoblois puissent mieux comprendre les avertissements de la mairie sur les élévations à craindre de la part de l'Isère ou du Drac dans nos rues ?

Enfin ne pourrait-on pas, tout en examinant la proposition de fermer Grenoble entre ses remparts et ses quais, de manière à ce que notre ville pût être garantie contre le dépôt de ces vases immondes qui causent tant de pertes et qui peuvent amener tant d'épidémies dangereuses, ne pourrait-on pas, disons-nous, reprendre le projet proposé vers 1740 d'ouvrir un *canal de secours*, depuis le tournant de l'Isère qui précède le cimetière jusqu'à l'abattoir ? Ce canal aurait le double avantage de débarrasser les fossés des remparts de leurs eaux *fiévreuses*, tout en complétant le système de défense de la ville, et de préserver Grenoble des ravages des grandes eaux, en divisant entre deux lits les forces de leurs flots.

Nous croyons que ce sont là des questions dont l'importance est évidente, et qu'une commission nommée par l'autorité compétente aura seule le droit et le pouvoir de résoudre *promptement*, car il nous semble qu'il n'est pas prudent d'attendre qu'on ait les pieds dans l'eau pour s'occuper sérieusement des moyens propres à sauvegarder le plus possible notre ville contre les conséquences funestes des inondations.

Nous n'ignorons pas que chaque inondation a fait naître une foule de projets qui sont tous morts à l'état de chrysalides (voyez la brochure de M. Pilot, page 121), mais ce n'est pas, selon nous, une raison pour ne rien faire aujourd'hui. Agir est bien, mais agir à temps est mieux.

Lorsqu'il est question d'ennemis très-redoutables, être pris entre deux feux, c'est beaucoup ; mais entre deux grandes eaux, c'est trop.

LIGNES FIGURATIVES
Des variations de certains phénomènes mesurables.

Nous avons écrit tout notre travail sur la grande inondation qui vient de frapper Grenoble, sous l'empire de cette idée : *tout ce qui fait image dans les travaux de l'intelligence, est un moyen commode et rapide d'investigation pour l'esprit humain*. Nous obéissons à cette conviction en donnant ici et dans le *Sud-Est* le tableau figuratif des variations de hauteur du niveau de l'Isère, ainsi que l'image des changements des cotes de la température centigrade, prises chaque jour à midi, dans notre ville, depuis le 23 septembre 1858 jusqu'au 1er décembre 1859.

Afin de faire sentir à nos lecteurs toute l'utilité des courbes figuratives pour peindre à l'œil la marche de certains phénomènes variables et fort intéressants à étudier, nous croyons opportun de poser d'abord quelques définitions.

On nomme *épure* l'ensemble des lignes qui servent à dessiner une figure plane de géométrie : c'est le tableau d'un dessin linéaire propre à figurer la marche des mesures d'un phénomène.

On appelle *axe* d'une épure, une droite indéfinie x y (voyez la figure 1re), à laquelle on peut rapporter la position de chaque point d'une épure, à l'aide d'un système de *coordonnées* que nous allons indiquer.

On nomme *origine* un point O de l'axe à partir duquel on est convenu de compter diverses distances mesurées sur cet axe, suivant une échelle adoptée.

On donne le nom d'*abscisse* d'un point A de l'épure, à la distance OB de l'origine jusqu'au pied B de la perpendiculaire AB menée de ce point A à l'axe x y ; et on nomme *ordonnée* du point A la droite figurée par la même perpendiculaire AB.

On donne à l'abscisse et à l'ordonnée du point A le nom commun de *coordonnées* de ce point.

Il est facile de voir que si on donne la mesure de chacune des deux coordonnées d'un point, ainsi que le *sens* dans lequel on doit compter chacune d'elles, on pourra trouver aisément la position de ce point dans le plan de l'épure. Par exemple, si on nous dit que l'abscisse d'un point est de 3 mètres à *droite* de l'origine et que son ordonnée est de 2 mèt. *au-dessus* de l'axe, nous adopterons une *échelle* d'épure de 0,01, par exemple, c'est-à-dire que nous conviendrons de représenter chaque mètre de la nature par un centimètre sur l'épure, puis nous compterons 3 centimètres sur l'axe, à droite de l'origine O ; par le point B nous mènerons à l'axe XY une perpendiculaire sur laquelle nous compterons 2 centimètres au-dessus du même axe, et alors nous arriverons à un point A qui répondra *seul*, sur l'épure, au système assigné des deux coordonnées.

On obtiendra de même tout autre point C dont on connaîtra les deux coordonnées en position et en grandeur.

Réciproquement, si on assigne la position d'un point du plan de l'épure, il sera facile de trouver les valeurs des coordonnées de ce point, en les mesurant avec l'échelle connue de l'épure.

(Fig. 1.)

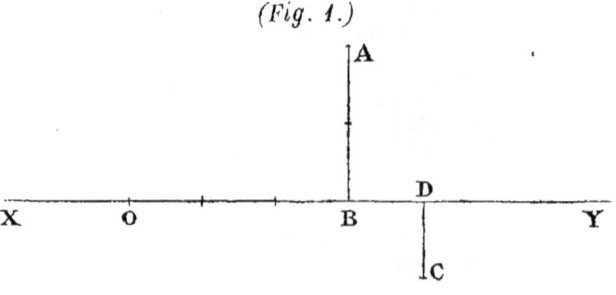

Pour appliquer ces notions à un exercice utile, le lecteur peut figurer par une courbe la marche de *la loi de la mortalité*, dont le tableau numérique est consigné dans l'*Annuaire du bureau des longitudes*. Pour cela, on prendra un axe de 110 millimètres de longueur, puisque 110 représente le nombre des années après lequel il n'existe plus (que par exception) un seul survivant sur un million d'enfants nés le même jour; à la fin de chacun de ces millimètres on élèvera à l'axe une perpendiculaire sur laquelle on comptera autant de millimètres qu'il y a, par exemple, de milliers de survivants correspondants à chaque âge, et on obtiendra une série de points extrêmes que l'on joindra par une ligne qui donnera, d'un seul coup d'œil, la variation de la mortalité.

La construction d'une ligne figurative exige donc, en général, deux séries de travaux : 1° l'observation régulière et patiente des variations des mesures d'un phénomène et la tenue d'un registre fidèle des cotes, et 2° le dessin exact sur une épure de ces cotes figurées par des lignes mesurées avec une échelle adoptée conventionnellement pour l'exécution de la figure.

Le tableau figuratif des variations des phénomènes peut s'appliquer à une multitude d'objets intéressants, par exemple, à la marche des trains de chemins de fer, à la vitesse des vents qui ont soufflé pendant une année sur une station de la terre, à des phénomènes médicaux, etc.

Pour en citer un exemple, concevons qu'un garde-malade, *comme ceux que veut former M. le docteur Ebrard*, ait compté tous les quarts d'heure le nombre des battements du pouls d'un fiévreux pendant une minute, et qu'il ait tenu un registre exact des époques de ses observations et du nombre des pulsations du pouls qui correspond à chacune de ces époques. Puis imaginons que le garde-malade trace sur un axe d'épure autant d'abscisses égales, de 1 centimètre par exemple, qu'il s'est écoulé de quarts d'heure pendant la durée de ses observations, et que par ces divers points de division il mène à cet axe des perpendiculaires sur chacune desquelles il comptera autant de millimètres, par exemple, qu'il y a de pulsations du pouls correspondantes à chacune de ces époques; puis qu'il joigne par une ligne continue toutes les extrémités de ces ordonnées, il formera ainsi un tableau graphique qui figura la marche de la fièvre et qui indiquera d'un coup d'œil au médecin la hausse ou la baisse que l'état fébrile du malade a pu subir, dans l'intervalle de deux visites, sous l'influence d'une médicamentation administrée à une dose mise en expérience et à une époque déterminée.

Il serait à désirer que l'on créât ainsi des *albums de lignes figuratives* de tous les phénomènes mesurables, dont l'étude préoccupe à chaque instant l'activité humaine dans l'agriculture, le commerce, l'industrie et les arts. Pour tracer ici la première page de l'un de ces albums, nous donnerons, dans l'épure ci-jointe, la marche figurée de la température centigrade de Grenoble, prise à l'ombre, chaque jour à midi pendant quinze mois, ainsi que les variations des cotes de hauteur du niveau de l'Isère, mesurées aux mêmes époques à l'échelle en amont du pont de pierre.

LÉGENDE DES LIGNES FIGURATIVES.

Nous avons pris pour axe des températures quotidiennes (voyez la figure 2ᵉ) une droite destinée à figurer la ligne de zéro ou de la glace fondante et sur laquelle la durée d'un jour est figurée par un demi-millimètre. Les températures au-dessus de la glace fondante sont comptées au-dessus de l'axe, à raison d'un demi-millimètre de longueur pour chaque degré centigrade; et au-dessous de l'axe, pour les températures au-dessous de la glace fondante.

Nous avons pris pour axe des cotes du niveau de l'Isère (voyez la figure 3) la ligne qui figure l'étiage ou le zéro de l'échelle hydrométrique en amont du pont de pierre à Grenoble. La longueur d'un jour est figurée sur l'axe par un demi-millimètre, et chaque centimètre de la cote du niveau de l'Isère au-dessus du zéro, est figuré par un demi-millimètre porté au-dessus de l'axe. Les cotes au-dessous du zéro sont portées au-dessous de l'axe.

Les parallèles à l'axe numérotées de 5 degrés en 5 degrés centigrades pour les températures, et de 10 centimètres en 10 centimètres pour les cotes de l'Isère, font voir facilement les différentes cotes des divers points de la courbe et les époques où une cote assignée a été atteinte.

Avec ces explications, nous espérons que la loi qui a servi à tracer l'épure ci-jointe, sera facilement comprise de tous nos lecteurs, auxquels nous ferons remarquer la curieuse correspondance qui existe entre les inflexions de la ligne figurative des variations de hauteur de la colonne thermométrique et la ligne des inflexions des hauteurs de l'Isère. Cette marche correspondante prouve bien l'influence rapide des eaux de neige sur le régime de notre rivière capricieuse, puisque dans les diverses stations de son bassin on peut constater que généralement le thermomètre et l'Isère montent et descendent ensemble, sous l'influence de la température de l'atmosphère.

Quelques-uns des brusques exhaussements de l'Isère sont dus aux pluies tombées sur son bassin ; les autres proviennent de la fonte des neiges.

La cote de l'inondation du 2 au 3 novembre 1859, qui doit être de 534 demi-millimètres, a dû être coupée à la *moitié* de son élévation, à cause des limites de l'épure.

La température atmosphérique correspondante est de 26 degrés ; on doit remarquer que cet accroissement de température a été aussi subit que considérable.

Ne perdons pas de vue que toutes les cotes des températures centigrades et des hauteurs en mètres du niveau de l'Isère ont été prises chaque jour *à midi*.

Pour se faire une idée nette des cotes comparatives des hauteurs de l'Isère, dans les principales inondations que nous avons indiquées dans notre tableau figuré, on peut les tracer sur une épure, en les mesurant avec l'échelle graduée sur le tableau ; nous laissons ce soin au lecteur.

Pour troisième exemple de la grande utilité des lignes figuratives, nous donnerons le mois prochain, dans le *Sud-Est*, le tableau des variations du prix, en francs, de l'hectolitre de blé, relevé chaque mois en France et à Grenoble, pendant les cinq dernières années.

On y remarquera que la moyenne mensuelle du prix de l'hectolitre de blé, à Grenoble, a *toujours été plus élevée* que la moyenne mensuelle correspondante établie pour toute la France.

NOTA. — L'impression de notre étude a été retardée par l'exécution de la gravure qui l'accompagne.

Nous profitons de ce retard pour engager nos lecteurs à examiner la proposition faite au gouvernement et aux communes par M. François Coignet d'entrenir à ses risques et périls, sur les points les plus menacés par les cours d'eau de la France, *des digues monolithes indestructibles, en béton moulé et aggloméré*, sans fissures et sans infiltrations, digues que l'on peut construire avec une grande rapidité au moyen d'un bateau dragueur, à un prix bien inférieur aux prix actuels des digues ordinaires.

De nouvelles expériences se font *actuellement* sur une grande échelle, dans les ateliers des ponts et chaussées à Paris, et les résultats obtenus sont déjà très-remarquables. (Voyez *le Cosmos*, revue des progrès des sciences rédigée par M. l'abbé Moigno, numéro du 23 décembre 1859. Le *Sud-Est* insérera ce remarquable article dans un de ses prochains numéros.)

www.ingramcontent.com/pod-product-compliance
Lightning Source LLC
Chambersburg PA
CBHW060455050426
42451CB00014B/3329